ÉTUDE

SUR LA

Question des Connaissements

PAR

UN ARMATEUR

*Travail adopté par le Syndicat Marseillais
de la Marine Marchande*

MARSEILLE

TYPOGRAPHIE ET LITHOGRAPHIE BARTHELET ET Cie
Rue Venture, 19.

1896

ÉTUDE

SUR LA

Question des Connaissements

PAR

UN ARMATEUR

---

*Travail adopté par le Syndicat Marseillais
de la Marine Marchande*

MARSEILLE
TYPOGRAPHIE ET LITHOGRAPHIE BARTHELET ET Cie
Rue Venture, 19.

1896

COMPOSITION DU CONSEIL
du Syndicat Marseillais de la Marine Marchande

MM. Cyprien FABRE, Gérant de la Cie Française de Navigation à vapeur : *Président.*

Henry BERGASSE, Armateur, Vice-Président du Conseil d'Administration de la Société générale de Transports Maritimes : *Vice-Président.*

Edouard GOUIN, Administrateur-Directeur de la Société générale de Transports Maritimes : *Vice-Président.*

Marius RICOUX, Armateur : *Secrétaire.*

Henri ESTIER, Armateur, Vice-Président du Conseil d'Administration de la Cie de Navigation Mixte : *Secrétaire.*

MM. BOUNAUD, Ancien armateur, capitaine au long cours.
CAILLOL, Armateur, de Caillol et Saintpierre.
CHANAL, Agent de la Cie des Bateaux à vapeur du Nord.
DORIGNY, Agent général de la Cie Générale Transatlantique.
DUMONTEIL-LAGRÈZE, Directeur de l'Exploitation des Messageries Maritimes.
DURBEC, Charles, Agent général de la Cie de Navigation Mixte.
FABRE, Ernest, Armateur (de A. Fabre et fils).
FRAISSINET, Alfred, Gérant de la Cie Marseillaise de Navigation à vapeur.
GANTEL, Armateur, capitaine au long cours.
GUÈS, Directeur de la Cie Française de Navigation à vapeur.
MACÉ, A., Armateur, capitaine au long cours.
PAQUET, N., Armateur (de N. Paquet et Cie).

TONNAGE REPRÉSENTÉ PAR LES MEMBRES DU SYNDICAT (Jauge brute totale)

Caillol et Saintpierre	6.398 T.	»
Cie des Bateaux à vapeur du Nord	17.340 »	»
Cie de Navigation Mixte	17.943 »	56
Henri Estier	1.064 »	»
A. Fabre et fils	1.600 »	»
Cyprien Fabre et Cie, Cie Française de Navigation à vapeur	30.451 »	95
Fraissinet et Cie, Cie Marseillaise de Navigation à vapeur	30.540 »	87
A. Macé	492 »	»
Paquet et Cie	13.616 »	86
Société Générale de Transports Maritimes	43.120 »	96
TOTAL	162.568 T.	20

Ne sont pas compris dans les chiffres qui précèdent les tonnages des deux compagnies subventionnées :

Cie des Messageries Maritimes qui compte.......... 209.711 Tx
et la Cie Générale Transatlantique qui en compte..... 175.558 »
Toutes deux représentées dans le Syndicat.

Étude sur la Question des Connaissements

L'étude qu'on va lire a été publiée dans la revue la " Marine Française " dans les premiers jours de Novembre 1895 avant que fussent connues les dispositions du projet de loi déposé par l'honorable M. Lebon, ministre du commerce à ce moment, le 22 Octobre 1895.

Cette étude consciencieuse fait nettement ressortir le caractère véritable de la question — conflit d'intérêts particuliers entre armateurs, chargeurs et assureurs, et non pas intérêt général du commerce maritime.

Le Syndicat Marseillais de la Marine Marchande qui groupe non-seulement des armateurs, mais la plupart des personnes touchant par profession à l'industrie de la navigation, a apprécié ce travail qui lui a paru susceptible d'éclairer les esprits impartiaux en faisant la lumière sur les principaux côtés de cette grave question.

Il a donc, avec l'autorisation de l'auteur, membre important du Syndicat, adopté ce travail, et l'a fait sien. Il le soumet aujourd'hui aux réflexions de ceux qu'effraie à juste titre la diminution progressive et constante de notre Marine de Commerce.

Le Syndicat Marseillais de la Marine Marchande

ÉTUDE

sur la Question des Connaissements

Par une circulaire en date du 20 mars 1895, M. le Ministre du Commerce consultait les chambres de commerce françaises sur l'opportunuité de modifier les articles 281 à 284 du Code de commerce (devoirs et obligations des transporteurs), et le 22 octobre l'honorable M. Lebon a déposé sur le bureau de la Chambre une proposition de loi visant les conditions dans lesquelles seront créés et délivrés les connaissements (1). Le texte du projet du gouvernement ne nous est pas encore connu et nous nous réservons de l'examiner prochainement ; mais, sans plus attendre, il a paru nécessaire à quelques armateurs d'exprimer au grand jour leur opinion, intéressée évidemment, mais aussi opinion éclairée. Moins nombreux que les chargeurs, les représentants de l'armement ne désespèrent pas néanmoins d'être entendus.

---

(1) MM. Félix Faure et Siegfried avaient déjà, en 1886, proposé d'ajouter à l'article 281 du Code de commerce le paragraphe suivant :

« Doivent être considérées comme nulles et non avenues toutes les clauses énoncées dans un connaissement, une charte-partie ou toute autre convention, qui tendraient à diminuer ou à détruire les obligations résultant pour les armateurs ou propriétaires de navires, du principe du contrat de transport, qui consiste à délivrer les marchandises dans l'état où le transporteur les a reçues, sauf les cas fortuits ou de force majeure. Les armateurs et propriétaires de navires pourront valablement s'exonérer des erreurs, négligences et fautes nautiques résultant du commandement dans la manœuvre ou de l'exécution du commandement. »

La *Marine Française* a le devoir de pousser le cri d'alarme, car c'est la marine que l'on vise. La Revue, qui nous fait le grand honneur de nous accorder l'hospitalité, défend surtout la marine de guerre, mais son distingué directeur n'ignore pas que la marine militaire ne saurait être puissante si la marine marchande n'est pas prospère et il lie, dans son esprit, les intérêts de l'une et de l'autre.

Aussi lui sommes-nous reconnaissants de ce que, partageant nos convictions, il a bien voulu nous prêter le puissant concours de sa Revue ; répandue dans les milieux où les choses de la marine intéressent et passionnent, cette publication fera connaître à tous la « question des connaissements » et nous avons la certitude que si cette question est bien comprise, elle sera résolue par les pouvoirs publics dans le sens de la liberté, seul remède, qu'on le veuille ou non, aux difficultés commerciales.

I

Chacun sait que le connaissement est le « titre » remis à l'expéditeur, par la voie maritime, d'une marchandise. Ce n'est pas un simple récépissé, comme on l'a prétendu à tort. C'est bien au contraire un « contrat de transport », puisqu'il y est dit sous des formes diverses, mais toujours analogues :

« Il a été chargé par M. X..., sur le paquebot (ou navire) français X..., capitaine X..., pour être transportées à X... et être délivrées à l'heureuse arrivée du navire à M. X... les marchandises ci-après : »

A cette convention, en vertu de laquelle l'une des parties s'engage à transporter, moyennant un prix à débattre, pour le compte de l'autre, une marchandise sur un point déterminé, chacun des deux contractants a successivement apporté des modifications suggérées par l'expérience. Mais tandis que l'un des participants, le chargeur, portait tout son effort sur le prix même du transport et obtenait sur ce point des résultats indéniables et une baisse considérable, l'autre, le transporteur, obligé de céder, sous la pression de la concurrence, en ce qui concerne le *prix* de transports (1), cherchait néanmoins à se défendre contre certains abus de la part de chargeurs; ensuite et surtout contre les risques exagérés que les modifications successivement survenues dans l'industrie de la navigation lui faisaient courir. Ce dernier point mérite quelques développements et nous y reviendrons.

Sous l'empire des nécessités et comme conséquence d'une expérience chèrement acquise, l'industrie de l'armement dans tous les pays (cette universalité est à retenir) a été amenée à se préserver de certains risques par l'insertion dans les connaissements de clauses qui sont toutes, sous des formes diverses, inspirées par le même esprit. Ces clauses exonèrent l'armateur ou propriétaire du navire de la

---

(1) Sans remonter bien haut, on trouverait des exemples multiples de la baisse subie par les frets; pour ne citer que les principaux produits intéressants Marseille, on trouve le tableau suivant :

	Cours moyen du fret en 1880.	Cours moyen en 1894.
Blés Azoff.	20	10
Arachides Sénégal.	70	»
Graines oléagineuses des Indes . .	65	»
Sucres de Java	75	32

On pourrait multiplier ces citations, car la baisse est générale. C'est d'ailleurs un fait connu et sur lequel il est inutile d'insister. Il suffit de rappeler les proportions de cette baisse depuis 12 ou 15 ans seulement, alors que les produits en eux-mêmes, bien qu'ayant suivi un amoindrissement de valeur, sont loin d'avoir éprouvé une pareille diminution.

responsabilité des fautes et négligences du capitaine et de l'équipage (1).

Il n'est pas sans intérêt de rappeler ici que tant que les prix du fret se sont maintenus à un taux relativement élevé, c'est-à-dire tant que les chargeurs avaient la possibilité d'obtenir des réductions de fret, leurs réclamations n'ont jamais porté que sur le *taux* de fret, les *conditions* étaient laissées de côté. C'est seulement depuis que les prix de transport, tombés à un niveau extrêmement bas, sont devenus pour ainsi dire « incompressibles », que les exigences des expéditeurs ont changé de forme. Nous espérons démontrer plus loin que les modifications réclamées équivaudraient au fond à une nouvelle réduction de fret.

Quoi qu'il en soit, d'ailleurs, l'insertion de cette clause, que des armateurs de tous pays maintiennent avec énergie parce que sa suppression aurait pour eux des conséquences incalculables, donna lieu à des débats nombreux. Chargeurs et armateurs ont des relations trop fréquentes et trop étroites, des intérêts même souvent solidaires, quelles que puissent être les apparences, pour que les efforts les plus sérieux ne fussent pas tentés en vue de concilier les intérêts en présence. Les conférences mixtes se succédèrent et leurs conclusions furent diverses. Elles étaient d'esprit différent, suivant que les armateurs ou les chargeurs avaient été en majorité.

Les difficultés multiples que rencontraient les rédacteurs

---

(1) La clause incriminée est la suivante :

« La Compagnie ne répond pas de la baraterie, des fautes ou négligences quelconques des capitaines, pilotes, marins, mécaniciens chauffeurs et de toutes autres personnes embarquées à bord du navire à quelque titre que ce soit et quelles qu'en soient les conséquences. » (Extrait du connaissement de l'une de nos Compagnies de navigation.)

de ces résolutions ne leur permettaient pas de trouver un texte qui satisfît tous les intérêts (1).

Et, en réalité, les résolutions votées sont toujours restées lettre morte. Elles n'ont été appliquées, en certaines de leurs parties, que pour les affrètements de navires chargés en totalité par le même affréteur, dans l'établissemeut de certaines chartes-parties où le contractant qui était le plus fort dictait à l'autre sa volonté, appliquant tantôt la formule favorable aux chargeurs, tantôt la formule favorable aux armateurs, suivant la loi économique de l'offre et de la demande.

(1) Lors de la conférence de Liverpool, en 1882, les armateurs anglais adoptèrent une clause proclamant l'irresponsabilité complète de l'armateur.

Au congrès de Hambourg qui fut tenu en 1885, on adopta les règles ci-après : 1º L'armateur est responsable « de la baraterie, des fautes, de la négligence du capitaine, des officiers et des matelots, mais non pas de leurs erreurs d'appréciation »;

2º Il n'est pas responsable des avaries de machines, ni des vices cachés de la coque ou de la machine ne résultant pas d'un manque de soins nécessaires de la part du propriétaire ou gérant du navire.

Au cours de la même année (1885), un congrès international de droit commercial était réuni à Anvers. Voici les dispositions qui y furent admises touchant la question des connaissements :

Art. 2. — Les propriétaires sont responsables des faits de leurs capitaines et de leurs préposés relatifs à la cargaison, à moins qu'ils ne justifient que le dommage provient de la force majeure de l'expéditeur.

Les parties peuvent déroger à cette règle, sauf sur les points suivants :

Pour les faits des capitaines et préposés qui tendraient à compromettre le parfait état de navigabilité des navires ;

Pour ceux qui auraient pour effet de causer des dommages par vice d'arrimage, défaut de soins ou incomplète délivrance des marchandises ;

Pour toutes barateries, tous faits, actes et négligences ayant le caractère de faute lourde.

Le même congrès de droit commercial, réuni à Bruxelles en 1886, rédigea les dispositions suivantes :

Art. 2. — Le fréteur est responsable de la perte et des avaries du chargement, à moins qu'il ne prouve que le dommage a été causé par une force majeure, par le vice propre de la chose ou par la faute de l'affréteur.

Quant aux connaissements, les armateurs ou compagnies de navigation de tous pays ont continué à les rédiger à leur convenance, laissant aux chargeurs la faculté de recourir ou non à leurs navires. Les gouvernements des différentes nations comprenant qu'il s'agissait là d'intérêts particuliers mieux sauvegardés par le libre débat des parties que par une réglementation, quelle qu'elle fût, se gardèrent bien d'intervenir. Seuls les Etats-Unis édictèrent, le 13 février 1893, une loi sur la matière. Cette loi étant constamment invoquée par les partisans de l'intervention législative en France, il n'est pas inutile de l'examiner de près.

Il est néanmoins loisible aux parties de déroger à cette responsabitité sauf en ce qui concerne :
A. Les actes ou négligences de nature à compromettre le parfait état de navigabilité du navire.
B. L'arrimage, la garde, le maniement et la délivrance de la cargaison.
C. Les actes ou négligences du capitaine, de l'équipage et des préposés du fréteur ayant le caractère de faute lourde.
Un congrès international de droit maritime se tint aussi à Gênes en septembre 1892; nous donnons ci-après la règle qu'il adopta :
L'armateur ne répond pas de la baraterie (sauf le cas de dol ou de faute grave), du dommage ou de la perte résultant d'abordage, échouement et autres accidents de navigation; même lorsque ce dommage ou cette perte doivent être attribués à l'erreur d'appréciation technique du pilote, du capitaine, des gens de mer ou autres employés de l'armateur ou son préposé.
Voici enfin les trois clauses que la conférence de Londres de 1894 a édictées :
1° Le propriétaire de navires ne sera pas responsable des pertes et dommages de la force majeure, des fortunes de mer ou autres eaux navigables, baraterie du capitaine ou de l'équipage, ennemis, pirates, troubles civils, brigands, voleurs, arrêts ou restrictions de princes, gouvernements ou peuples, émeutes, grèves ou interruption de travail, capture, saisie ou arrêt par la voie légale ; ni par incendie à bord, sur dépôts flottants ou allèges, ou à terre, abordages, accidents, échouements, explosions, ruptures de machines ou guindages, ou d'autres accidents en mer, et dans d'autres eaux navigables, ou dans le port, quand même ils résulteraient de la négligence, faute ou erreur de jugement du pilote, du capitaine, de l'équipage ou d'autres subordonnés du propriétaire de navires ; ni d'échauffement, dépérissement, putré-

Pour en apprécier la portée, il suffit de tenir compte de la législation ou de la jurisprudence antérieure aux Etats-Unis. Or, les recherches faites dans ce sens ont démontré que, antérieurement à la promulgation de ladite loi, la situation des armateurs américains était telle que leur responsabilité était presque toujours engagée. Et cela s'explique aisément ; la marine commerciale des Etats-Unis n'existe pour ainsi dire pas au point de vue international ; elle se consacre uniquement au cabotage américain. Aussi les armateurs américains s'étaient-ils vu imposer par les chargeurs (en majorité de nombre et d'influence) soit sous forme de loi, soit par les formules imposées par de puissants syndicats d'expéditeurs, des clauses draconiennes. D'autre part, les chargeurs nombreux et influents avaient sur les tribunaux des Etats-Unis une influence à laquelle ne pouvaient prétendre les armateurs disséminés dans les divers ports et fort peu nombreux.

Aussi comprend-on que les armateurs de ce pays aient appelé de tous leurs vœux et provoqué même le vote de la loi de 1893 qui proclame au moins nettement l'irresponsa-

---

faction, rouille, évaporation, changement d'état, fuite, coulage, casse ou toute autre perte ou dommage résultant de la nature de la marchandise ou de l'insuffisance d'emballage ou de la vermine, ni des oblitérations, erreurs, insuffisance ou absence de marques, numéros, adresses ou désignations, ni des risques de dépôts flottants, d'allèges ou de transbordements ;

2° Le propriétaire de navires sera responsable des pertes et dommages résultant de tout état impropre du navire à recevoir les marchandises ou de tout autre état d'innavigabilité du navire au moment du départ.

Mais tout défaut caché dans la coque, la machine, l'armement ou l'équipement ne doit être réputé état impropre ou innavigabilité, à moins que le dit défaut ne résulte d'une faute du propriétaire de navires, du capitaine d'armement ou gérant ;

3° Le propriétaire de navires sera responsable des pertes et dommages résultant de tout manque de soins et de capacité, dans la mesure de ce qui est raisonnable, dans le chargement, l'arrimage et le déchargement des marchandises.

bilité de l'armateur pour les fautes de navigation, pourvu que le navire soit convenablement équipé, armé, approvisionné, etc. (1).

En d'autres termes, la loi américaine de 1893 constitue pour les armateurs de ce pays une atténuation, un pas fait vers un régime plus libéral pour eux, et non pas une aggravation, comme ce serait le cas pour l'armement français, si les prétentions des chargeurs étaient admises. Encore faut-il ne pas perdre de vue, nous le répétons, les conditions différentes où la marine américaine se trouve placée par rapport aux marines étrangères.

Qu'adviendrait-il de la nôtre, si elle devait se borner au cabotage français ?

Comme nous le disions plus haut, les autres nations maritimes se sont bien gardées de suivre l'exemple des Etats-Unis et la jurisprudence allemande est bien autrement favorable aux armateurs que celle en vigueur en France. Aussi a-t-on vu la marine marchande de nos voisins prendre un essor considérable, en peu d'années, et nous ravir le deuxième rang.

(1) La loi américaine de 1893 stipule : L'armateur ne pourra s'exonérer des pertes ou dommages provenant de négligences, fautes ou manquement dans le chargement, arrimage, garde, soins et livraisons convenables des marchandises à lui confiées. Il devra exercer la diligence voulue pour convenablement équiper, armer, approvisionner, munir de rechange le navire, le mettre en bon état de navigabilité et le rendre capable d'effectuer le voyage projeté, manipuler et arrimer avec soin sa cargaison et en soigner convenablement la livraison.
Mais si l'armateur a bien soigné, armé, équipé, approvisionné son navire ; en d'autres termes, si les prescriptions de la section II sont remplies, l'armateur ne sera responsable d'aucune faute ou erreur de navigation, ou de conduite du navire, non plus que d'aucun risque de mer.

II

La question est maintenant posée. D'une part, la loi et la jurisprudence donnant aux armateurs le droit de s'affranchir, par conventions, des risques qu'ils ne veulent ni ne peuvent supporter ; de l'autre, les chargeurs voulant assimiler les transporteurs maritimes aux transporteurs terrestres et réclamant une loi nouvelle pour interdire aux armateurs la faculté de débattre librement les conditions de transport.

Si, avec l'âpreté de la concurrence actuelle dans l'industrie de l'armement maritime, non seulement entre Français, mais encore entre les diverses marines du monde, les armateurs résistent unanimement avec tant d'énergie, c'est qu'il faut vraiment que le danger soit pour eux bien grand, plus grand que ne peuvent le penser ceux qui réclament cette réglementation nouvelle.

Quelle différence, en effet, entre l'armateur d'aujourd'hui, et celui d'autrefois. Il opérait alors avec des navires valant au plus quelques centaines de mille francs, portant quelques centaines de tonnes de marchandises, et par conséquent offrant moins de prise aux risques divers ; sa responsabilité, si elle était engagée, pouvait se chiffrer à un taux relativement bas ; d'autre part, le législateur prudent ayant prévu que l'armateur pouvait toujours se libérer par l'abandon du navire et du fret, toute la fortune de l'armateur n'était pas risquée à la fois. En outre, quelle simplicité jadis dans la construction des navires.

Aujourd'hui, au contraire, il s'agit de navires valant des millions, transportant des cargaisons de milliers de tonnes d'une valeur considérable ; ces navires ont, à l'heure présente, une telle multiplicité d'appareils et d'organes que les chances d'erreurs et de fautes et, par suite, d'avaries, se sont accrues à l'infini, d'autant plus accrues qu'on a dû recourir pour la conduite de ces organes à un personnel toujours plus nombreux, plus varié et plus changeant.

Que l'on songe, si l'on accordait aux chargeurs la législation qu'ils réclament, à la responsabilité qui serait encourue par exemple, par l'armateur d'un grand navire revenant de Chine, avec une cargaison de balles de soie valant plusieurs millions, si un chauffeur, ouvrant par erreur un robinet pour un autre, envoyait dans les cales l'eau ou la vapeur qu'il croirait envoyer sur tel ou tel point des machines ou chaudières. Et cet accident est fréquent ; le fait que nous citons s'est même produit il y a quelques années. Considérerait-on l'armateur suffisamment rémunéré pour ce risque, par le paiement du fret ? En vérité nul ne le soutiendra.

Et sans s'appesantir sur ce point spécial, il est hors de doute pour tout esprit réfléchi, que le risque qui serait ainsi mis à la charge des armateurs serait tel que la nation qui entrerait la première dans cette voie porterait à sa marine un coup fatal.

Les défenseurs, même les plus ardents, des idées des chargeurs l'ont bien compris en France, aussi réclament-ils tous l'application à *toutes* les marines des nouvelles mesures qu'ils demandent d'ajouter aux innombrables proscriptions dans lesquelles notre malheureuse marine marchande étouffé et meurt. Mais tandis que les uns, les plus sages, veulent une entente et une codification internationale (1), les autres se bornent à demander que la loi nouvelle soit déclarée applicable à tous les navires opérant dans les ports français.

(1) Voir les conclusions de la Chambre des Négociants-Commissionnaires de Paris.

A ces derniers nous dirons : ne trouvez-vous pas déjà que l'on a trop fait pour détourner les navires de nos ports ? Ne pensez-vous pas que nos ports sont déjà trop redoutés pour la cherté et le poids trop lourd des taxes de toute nature qui y guettent le navire ? Ne craignez-vous pas d'aider encore à ce détournement que vous sentez comme nous et que vous redoutez, détournement sur Gênes, Barcelone et Trieste pour Marseille, et sur Anvers et Hambourg pour le Havre et Dunkerque ? Et le commerce d'exportation et d'importation, dont vous vivez comme nous, ne rencontre-t-il pas déjà assez d'entraves de par le régime de 1892 et la suppression des traités de commerce, pour que vous vouliez encore en ajouter ? Ne craignez-vous pas, en un mot, que de cette législation nouvelle vous ne soyez, vous aussi, les mauvais marchands ?

Et n'est-il pas étrange, lorsqu'on se réclame des principes libéraux en matière économique, lorsqu'on défend pour soi la doctrine du « laissez faire, laisser passer », d'en appeler aux rigueurs de la loi pour *obliger* des industriels à *vendre* leurs produits dans de certaines conditions? L'armateur n'est-il pas en effet un industriel qui, par son outil navire, produit de la tonne-transport? Il y a une contradiction flagrante dans les réclamations des chargeurs de marchandises, exportateurs ou importateurs, libéraux pour ce qui touche à leur commerce, et demandant maintenant à être *protégés* contre les exigences (?) des armateurs.

Sommes-nous donc comme les Compagnies de Chemins de Fer en possession de monopoles? Avons-nous des tarifs homologués et des garanties d'intérêts pour qu'on demande un régime d'exception contre nous?

Pour nous, fidèles à nos principes libéraux, nous demandons la liberté de défendre nos intérêts, et si vraiment la suppression de cette clause d'exonération est chose indispensable aux chargeurs, il ne dépend que d'eux de la supprimer. La concurrence est assez dure pour les diverses entreprises de transports ; la clientèle est assez sollicitée, pour que celle-ci puisse, tout au moins, essayer de leur imposer cette suppression.

Nous croyons avoir montré que la loi réclamée par les chargeurs aurait, pour l'avenir de notre marine, les plus graves conséquences ; nous avons également indiqué que les exigences formulées seraient contraires à l'équité et à la logique. Nos contradicteurs ne manqueront pas de dire que les clauses imposées par les armateurs sont contraires au *droit*. C'est ce que nous allons examiner.

On oppose aux armateurs, pour leur dénier le pouvoir d'insérer la clause incriminée, divers arguments. Le connaissement, dit-on, n'est pas un contrat bilatéral, il ne constitue pas une *convention*. C'est là une assertion que nous n'hésitons pas à qualifier d'inexacte. On veut souvent, ce contre quoi nous protestons de toutes nos forces, assimiler le transporteur maritime au transporteur terrestre. Eh bien, mais l'article 101 du Code de commerce ne dit-il pas en propres termes : « La lettre de voiture forme contrat entre l'expéditeur et la voiture, ou entre l'expéditeur, le commissionnaire et la voiture. » Ainsi donc si, de par la loi, la lettre de voiture forme contrat, *a fortiori* le connaissement, qui porte les conditions multiples librement débattues entre le chargeur et l'armateur. Pas du tout, nous objecte-t-on, il ne peut y avoir contrat, parce que, en fait, le chargeur ne discute pas les termes de ce contrat, il subit la loi de l'armateur. Est-ce bien sérieusement que l'on soutient cette prétention ? Certes, il peut arriver que certains chargeurs ignorent les clauses contenues au connaissement qu'ils ont signé, mais ceux qui ont la pratique des affaires de transport les connaissent fort bien, savent la différence qu'il y a entre les divers types de connaissements et y introduisent souvent des modifications. Il serait facile d'en donner des exemples. Les chargeurs, toujours sollicités par plusieurs lignes de navigation pour un même port, ont tous les moyens d'éplucher, qu'on nous passe le mot, les conditions qui leur sont faites et de choisir celles qui leur paraissent le plus convenables. Ils ont même la ressource (dont ils se gardent bien d'user) d'offrir un prix de fret un peu plus élevé, moyennant la suppression de la clause d'exonération.

Le chargeur ne lit pas, dit-on, les clauses des connaissements. A-t-on jamais tiré argument de ce fait que les assurés lisent rarement les polices qu'ils souscrivent. Et l'opposition même qui se manifeste contre la clause d'exonération, ne prouve-t-elle pas qu'on la connaît?

Quant à dire que le connaissement n'est qu'un simple reçu, nous ne pensons pas qu'on le puisse soutenir, car que signifierait alors la signature par laquelle le chargeur déclare accepter les conditions de transport susrelatées?

On objecte alors que, s'il y a contrat, la loi défend (art. 6 du Code civil) l'insertion de clauses contraires à l'ordre public. C'est là un argument bien gros ; sur quoi se base-t-on pour l'invoquer? Sur ce que, par l'article 216 du Code de commerce, le propriétaire est responsable des fautes du capitaine et que, par l'article 221, le capitaine est responsable de ses fautes, même légères.

Il est donc bien établi par la loi même que le capitaine est d'abord, avant tout autre, responsable vis-à-vis du chargeur : responsabilité du premier degré ; l'armateur intervient ensuite comme civilement responsable des fautes du capitaine : responsabilité du deuxième degré. Or, s'il est d'ordre public que le premier répondant ne peut se soustraire à la responsabilité du dommage causé par lui ou par les personnes placées sous ses ordres (1), il est, au contraire, établi que le deuxième répondant peut se soustraire par convention à la réparation du dommage causé par le premier. (Art. 98 du Code civil).

On a voulu considérer le capitaine comme un simple employé de l'armateur. Comment cela peut-il se soutenir ? Du moment où le capitaine a pris le commandement du navire, c'est lui, dont l'aptitude est de droit présumée, puisqu'il ne peut être choisi que parmi les marins ayant subi certaines épreuves légales ; c'est lui qui devient le véritable maître et directeur du navire. Il tient ses pouvoirs de la loi et non plus des armateurs ; il recrute l'équipage à sa convenance, l'armateur ne peut lui imposer personne. C'est ainsi que dans la marine militaire, le capitaine du vaisseau-amiral a, pour le commandement du navire qui les porte, tous deux, des pouvoirs plus étendus que ceux de l'amiral lui-même.

Le capitaine doit donc rester garant des fautes qu'il commet ; et il ne pourra se soustraire à la responsabilité d'aucune de ses fautes s'il est prouvé qu'il en a commis. Mais qui ne voit que l'armateur pour son navire, comme le chargeur pour ses marchandises, est exposé, à raison même de ces fautes, à perdre ce qui lui appartient. Ils sont placés tous deux dans la même situation par rapport aux gens de l'équipage, exposés à leurs erreurs, qu'elles soient le fait d'un matelot qui prend le feu d'une barque de pêche pour un phare, ou d'un chauffeur qui ouvre le robinet extincteur d'incendie dans les cales, croyant ouvrir un robinet de prise de vapeur aux chaudières.

(1) Encore conviendrait-il de faire des réserves sur ce point ; dans l'assurance contre l'incendie, l'assurance des risques locatifs couverts n'est autre chose que la garantie de la présomption de faute et l'assurance contre le recours des voisins est la garantie d'une faute démontrée établie.

Aussi est-ce avec raison et en conformité des règles du droit que la Cour de cassation, à maintes reprises, a jugé que le « propriétaire peut valablement stipuler à l'égard du chargeur, par une clause du connaissement, qu'il ne répondra pas des fautes et négligences du capitaine et des gens de l'équipage » et ce, parce que « cette clause n'est pas contraire à l'ordre public ni aux bonnes mœurs. »

C'est, de même, la loi qui donne au commissionnaire le droit de s'affranchir des avaries ou pertes de marchandises ou effets pour les transports par terre. L'article 98 du Code de commerce dit en effet :

« Le commissionnaire qui se charge d'un transport par terre ou par eau, est garant des avaries ou pertes de marchandises ou effets, *s'il n'y a stipulation contraire dans la lettre de voiture* ou force majeure. »

Ainsi il semble acquis, qu'en droit, la réserve des armateurs est justifiée. Quant à redouter de voir les négligences et les fautes impunies, encouragées, c'est là une crainte vaine. La concurrence seule suffit à écarter ce danger ; l'armateur qui aurait de mauvais capitaines ou qui laisserait se multiplier les pertes ou les avaries, se verrait bientôt ruiné, abandonné qu'il serait par sa clientèle.

Les chargeurs cependant sont-ils désarmés en face d'une inéluctable fatalité et condamnés à perdre, le cas échéant, une partie de leur avoir ? C'est ce que nous ne pensons pas. Et le moyen d'obvier aux pertes qu'ils redoutent est tout entier dans l'assurance, mais dans l'assurance soigneusement établie.

III

Par l'article 216 du Code de commerce, le capitaine est déclaré responsable de ses fautes, même légères. Et il en est responsable, non seulement vis-à-vis des chargeurs en ce qui concerne la marchandise, mais encore vis-à-vis de l'armateur en ce qui concerne le navire. Le capitaine est cependant le plus souvent insolvable ; en tous cas il n'est jamais en posture d'indemniser de tontes les pertes que son erreur, sa négligence, ses fautes ou celles de son équipage peuvent occasionner. Les salaires même des gens de mer sont insaisissables (décret du 4 mars 1852). Ainsi donc ceux qui confient leur avoir, navire ou marchandise (et il est bon d'insister sur la solidarité de l'armateur et du chargeur) à un capitaine légalement investi du droit de commander, savent à quoi ils s'exposent. Ils ont recours contre un insolvable. C'est dire que s'ils ont la faculté de faire punir la faute ou l'erreur de l'homme de mer. ils ne peuvent se faire indemniser du dommage éprouvé. C'est là l'origine même de l'assurance maritime ; l'assureur, moyennant le payement d'une prime déterminée, prend à sa charge le risque que court celui, armateur ou chargeur, qui confie une partie de sa fortune à des hommes faillibles et insolvables.

Que demande actuellement le chargeur à l'armateur ? Sa réclamation peut se résumer ainsi : Si je vous donne des colis représentant une certaine valeur, en bon état, je veux les recevoir au port de débarquement dans l'état et en nombre tels que je vous les ai remis (sauf le cas de vice propre de la marchandise) et je ne puis admettre que vous ne me les remettiez pas tels, ou à défaut, leur valeur.

L'armateur répond : Lorsque mon navire est parti de son port de charge, j'ai moi-même couru un risque en confiant à un homme sujet à erreur, mon avoir-navire. Vous avez couru le même risque que moi en confiant à ce même homme votre avoir-marchandise. Ses erreurs, ses fautes, ses délits, ses crimes même, pèsent sur moi comme sur vous. Vous avez, également comme moi, le choix ou bien de garder ces risques à votre compte, auquel cas vous demeurez votre propre assureur, ou de les couvrir en souscrivant une assurance : mais je ne puis, moi, *ajouter votre risque au mien*.

Si le chargeur a voulu éviter les frais d'assurance, il est devenu son propre assureur ; il suffit donc pour le raisonnement d'examiner la situation faite au chargeur d'une marchandise assurée.

L'article 1er de la police française d'assurance maritime sur marchandise est ainsi conçu :

Art. 1er. — Sont aux risques des assureurs, les dommages et pertes qui arrivent aux choses assurées par tempête, naufrage, échouement, abordage, changement forcé de route ou de voyage, jet, explosion, piraterie et *baraterie* et généralement tous accidents et fortunes de mer.

L'article 4 le complète comme suit :

Art. 4. — Les risques courent du moment où la marchandise quitte la terre pour être embarquée, et finissent au moment de sa mise à terre, au point de destination, tous risques d'allèges pour transport immédiat de bord à terre et de terre à bord étant à la charge des assureurs. Les risques de dromes ne sont pas à la charge des assureurs, sauf convention spéciale.

Ainsi donc l'assurance garantit le chargeur contre les risques de baraterie.

Or la baraterie est nettement définie par l'ordonnance de la Marine de 1681 (1). Le terme baraterie comprend toutes

(1) Extrait du *Dictionnaire de droit maritime*, de Caumont :

« En matière maritime, on entend par baraterie, les prévarications et fautes de l'équipage et du capitaine. Lorsque les fautes au préjudice des armateurs ou chargeurs n'ont pas le caractère de criminalité, ces fautes ne constituent que la baraterie civile et ne donnent lieu qu'à une action dommageable devant les tribunaux conles espèces, tant de dol que de simple imprudence, défaut de soin ou impéritie, tant du patron que des gens de l'équipage. (Pothier).

Et l'article 353 du Code de commerce est formel et explicite :

« L'assureur n'est point tenu des prévarications et fautes du capitaine et de l'équipage connues sous le nom de baraterie de patron, *s'il n'y a convention contraire.* »

Donc s'il y a convention que l'assureur répond de la baraterie, il répond des fautes et prévarications du capitaine et de l'équipage.

sulaires. Mais lorsque les fautes ou prévarications dégénèrent en crimes et délits, elles constituent la baraterie criminelle. »

Baraterie criminelle.

« L'ordonnance de la Marine de 1681 prévoit et définit plusieurs cas de baraterie. Si le maître fait fausse route, commet quelque larcin, souffre qu'il en soit fait dans son bord ou donne frauduleusement lieu à l'altération ou confiscation des marchandises ou du vaisseau, il sera puni corporellement. Le maître qui sera convaincu d'avoir livré aux ennemis ou malicieusement fait échouer ou périr le vaisseau sera puni du dernier supplice. »

Baraterie civile.

« La baraterie civile comprend les vols, fautes, imprudences ou impéritie, qui sans constituer un délit ou une contravention, entraîneraient néanmoins un préjudice pour les chargeurs ou pour les propriétaires du navire, ne donne lieu qu'à une action en responsabilité. Tout capitaine, maître ou patron chargé de la conduite d'un navire ou autre bâtiment, *est garant de ses fautes, même légères,* dans l'exercice de ses fonctions. (Code de commerce, art. 221). »

Extrait du *Commentaire de l'ordonnance de la Marine de 1861, de Valin* (II, *page* 80) :

« Par convention, les assureurs peuvent être obligés d'en garantir les assurés (de la baraterie). Et il ne faut pour cela, aux termes de notre article, conforme à l'usage de la Hollande, que les charger par la police de la baraterie de Patron, termes énergiques qui comprennent absolument tout le dommage qui peut résulter du fait du maître ou des gens de son équipage, soit par impéritie, imprudence, malice, changement de route, larcin ou autrement. »

Malgré la netteté de ces prescriptions, il peut arriver, cependant, que des discussions surgissent entre chargeurs et assureurs. Il est donc convenable de chercher à les éviter. On y arrive très aisément. Il suffit pour cela d'insérer, dans les conditions particulières des polices d'assurances sur marchandises, une clause indiquant que les assureurs agréent les clauses et conditions des connaissements sur lesquels figure la marchandise assurée.

On ne peut objecter que la chose n'est pas possible. Elle existe et les polices souscrites par nos grandes compagnies de navigation portent cette clause. Ces compagnies ne supportent pas, cependant, dans la plupart des cas, de primes plus élevées que celles souscrites directement par les chargeurs. Il suffit que l'attention soit éveillée sur ce point et, *toujours*, le chargeur en obtiendra l'insertion.

Tout se résume donc à une question d'assurance, et ce que nous affirmons est tellement vrai que si, par impossible, le Gouvernement et le Parlement commettaient la faute de céder aux sollicitations des chargeurs, et imposaient obligatoirement aux armateurs des conditions de transport qui les mettraient à tout instant sous le coup d'une ruine complète, il est certain que les armateurs seraient forcés de se garantir contre ce risque effroyable. Ils *s'assureraient* contre la baraterie et les assureurs se trouveraient percevoir une nouvelle prime pour des risques que, aux termes de leurs polices sur facultés, ils couvrent déjà, nous l'avons démontré, et pour lesquels ils sont indemnisés par la prime sur marchandises. Peut-être, alors, les expéditeurs, comprenant combien la loi nouvelle aurait allégé le risque des assureurs sur marchandises, demanderaient-ils et obtiendraient-ils des réductions de primes que l'assureur consentirait, puisqu'il ne couvrirait plus, désormais, que le risque d'accident de mer proprement dit et puisqu'aussi l'armateur paierait, par ailleurs, pour couvrir les fautes, crimes, vols, etc., du capitaine et de l'équipage.

Ce serait donc une économie réalisée par les expéditeurs de marchandises aux dépens de l'armateur, soit, ce que nous disions au début de ce travail, *une nouvelle réduction de fret* sous une autre forme.

Eh bien, il est impossible que cela ne soit pas compris de tous. Expéditeurs, assureurs, armateurs ont intérêt à conserver la plus grande liberté possible dans leurs relations, et à éviter les réglementations et les lois nouvelles.

Il faut donc que les assureurs, contrairement à la tendance qu'ils ont quelquefois manifestée et qui est peut-être l'origine des difficultés actuelles, reconnaissent qu'en acceptant un risque sur une marchandise ils prennent à leur charge, comme lorsqu'ils acceptent un risque sur corps, tous les risques dont le capitaine est responsable directement et dont l'armateur s'est exonéré. Que les chargeurs de leur côté veillent à mettre en parfaite harmonie les polices d'assurance et les connaissements, les difficultés dont on se plaint cesseront aussitôt.

Dans la branche des assurances maritimes, l'assurance sur marchandise est en réalité la seule fructueuse et les assureurs se disputent avec ardeur les polices flottantes des compagnies de navigation. Peut-être celles-ci, incitées par la valeur considérable des marchandises transportées, seront-elles amenées un jour à chercher un moyen de se réserver un bénéfice réel. Elles y seraient fatalement conduites, si les assureurs, pour couvrir les risques dont les armateurs s'exonèrent par les connaissements, en venaient à surélever le taux des primes sur facultés.

Il est d'ailleurs à noter, et c'est par cette remarque que nous terminerons, que dans la pratique les compagnies ou armateurs français sérieux donnent satisfaction à la plupart des réclamations qui leur sont adressées lorsqu'il est patent que le destinataire éprouve un préjudice non garanti ou lorsque ce destinataire aurait à subir, pour obtenir satisfaction, un procès long et coûteux.

Personne ne nie que, dans les affaires courantes, les clauses d'exonération ne sont invoquées par les armateurs ou compagnies sérieux que dans certaines circonstances exceptionnelles, et que ce soit sous l'aiguillon de la concurrence, ou pour tout autre motifs, les armateurs paient chaque année des sommes considérables, parfois supérieures à celles qui seraient légitimement dues.

Aussi ne pouvons-nous que conjurer nos honorables contradicteurs, nos clients de chaque jour, de ne pas persister dans la voie mauvaise où ils se sont engagés. Si satisfaction leur était donnée, les armateurs français incapables de rester sous le coup du risque effrayant qu'on leur imposerait, auraient à chercher d'autres moyens de sauvegarde. S'ils étaient conduits à un relèvement de prix de fret, ce ne pourrait être qu'au détriment de la marine française. Les chargeurs ne tarderaient pas à oublier que sur les connaissements français la loi interdit la clause d'exonération et, de nouveau protestant contre la cherté du fret français, *déjà due aux règlements draconiens* dont nous souffrons, ils recourraient aux navires de l'étranger qui trouveraient bien moyen d'éluder la loi française. Ainsi notre flotte-vapeur tombée récemment du troisième au quatrième rang, à la suite des erreurs de la loi du 30 janvier 1893 sur les primes à la navigation, se verrait dépasser par celles des nations rivales.

Si les chargeurs persistent dans leurs réclamations et si les projets du Ministre du Commerce, ce que nous ignorons encore, pour obvier à des difficultés d'ordre secondaire, viennent porter un nouveau coup droit à notre marine, nous supplierons le président du Conseil qui doit envisager tous les côtés de la question d'en faire l'étude personnelle. Mais, surtout, nous nous mettrons sous la sauvegarde du chef de nos forces navales, de celui qui a la lourde responsabilité de ne pas laisser notre marine militaire perdre le deuxième rang ; nous remettrons le soin de notre défense à notre ministre à nous, armateurs, au Ministre de la Marine duquel seul nous devrions dépendre, car il est le seul qui connaisse le rôle important que jouent nos efforts dans l'ensemble de la préparation en temps de paix aux luttes de l'avenir.

Le ministère de la rue Royale sait que l'avenir de la marine militaire française est lié au sort de notre marine marchande. Il saura nous défendre, et défendre même contre le ministère du Commerce le maintien de *la liberté des conventions* sans laquelle nous sommes irrémédiablement perdus.

IMPRIMERIE BARTHELET ET Cie

MARSEILLE

www.ingramcontent.com/pod-product-compliance
Lightning Source LLC
Chambersburg PA
CBHW060528050426
42451CB00011B/1706